MICHEL-DÉSIRÉ-AIMÉ-JOSEPH

DAQUIN

MAIRE DE LESTREM

*Ancien Président de la Chambre des Notaires
de l'arrondissement de Béthune*

NOTAIRE HONORAIRE

ARRAS

Typographie DE SÈDE et Cie, rue du Vent-de-Bise, 16

1882

M. DAQUIN

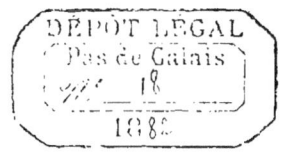

MICHEL-DÉSIRÉ-AIMÉ-JOSEPH

DAQUIN

MAIRE DE LESTREM

*Ancien Président de la Chambre des Notaires
de l'arrondissement de Béthune*

NOTAIRE HONORAIRE

ARRAS

Typographie DE SÈDE et Cie, rue du Vent-de-Bise, 16

1882

FUNÉRAILLES DE M. DAQUIN

M. Michel-Désiré-Aimé-Joseph Daquin est mort à Lestrem le 17 février 1882.

A peine âgé de 60 ans, M. Daquin qui avait parcouru une honorable et laborieuse carrière, pouvait espérer encore quelques années de repos, après avoir exercé longtemps et avec distinction les fonctions du notariat.

Justement apprécié de ses collègues, il avait été appelé par eux à présider la Chambre des Notaires de l'arrondissement de Béthune et l'honorariat était venu récompenser une vie qu'il est permis de citer comme exemple.

Appelé depuis près de trente ans, par les sympathies de ses concitoyens, et au milieu des circonstances politiques les plus diverses, à l'administration de l'importante commune de Lestrem, M. Daquin était un Maire sage, dévoué, modéré, juste, et jouissait non-seulement auprès de ses administrés, mais aussi dans tout l'arrondissement de Béthune, des plus universelles sympathies.

Aussi sa mort fut-elle, non-seulement pour ses parents et ses proches, mais aussi pour toute la contrée environnante, un véritable deuil public.

Les funérailles de M. Daquin ont eu lieu le mardi 21 février, au milieu d'une foule considérable et recueillie de parents, d'amis, d'anciens collègues qui avaient tenus à rendre les derniers devoirs à cet homme de bien.

Les coins du poêle étaient tenus par M. Becquart, Président de la Chambre des Notaires, Maire de Richebourg ; M. Bavière, Conseiller d'arrondissement, Maire de Laventie ; M. Lebleu, Conseiller général, Maire de Sailly-sur-la-Lys ; M. Becquart, Notaire à Laventie, et MM. Lefrancq et Bourdon, Adjoints de la commune.

Quatre discours ont été prononcés : par M. le Curé de Lestrem, par M. Becquart, par M. Lebleu et par M. Bourdon.

DISCOURS DE M. WANTIEZ

Curé de Lestrem

Mes chers frères, c'est sous l'empire de la plus vive émotion, que vous partagez tous, que je viens vous exhorter à prier pour l'âme de M. Michel-Désiré-Aimé-Joseph Daquin, Maire de Lestrem pendant trente années, ancien Président de la Chambre des Notaires.

Cette foule immense, si recueillie dans sa tristesse, et que l'enceinte de ce temple ne suffit pas à contenir, est le plus bel éloge que l'on puisse faire de ce cher et bien regretté défunt ? Votre présence dit plus éloquemment que je ne saurais l'exprimer, toute l'étendue de la perte que nous venons de faire. A la nouvelle de cette mort si inattendue, ce fut la stupéfaction dans toutes les familles ; un seul cri s'échappa de toutes les poitrines : quel vide !... quel malheur ! Cette mort, en effet, n'est pas seulement une grande épreuve pour une famille honorable à tous les titres, et dont le courage chrétien saura être à la hauteur de cette épreuve, c'est un deuil pour tous, car tous sont frappés en quelque chose par ce douloureux évènement.

Qu'ai-je besoin de vous rappeler ce que M. Daquin a été comme Maire de cette commune ? Doué d'une belle intelligence, solidement instruit, d'un esprit droit et réfléchi, aimant l'étude et le travail, il était à la hauteur de toutes les difficultés, et c'est en toute justice qu'il était apprécié comme l'un des administrateurs les plus intelligents et les plus expérimentés du pays. Pour peu qu'on jette un regard sur le passé, que de choses ont été accomplies pendant sa longue administration, pour la transformation ou l'amélioration de la commune ; pour l'instruction, l'éducation et le bien-être de ses habitants. M. Daquin aimait le progrès, mais le progrès bien compris. Bon et conciliant par nature, il était heureux quand il pouvait être utile dans la mesure de ses moyens. Que de services particuliers il a rendus ! Oui, je l'affirme ; il était sincère quand se sentant frappé à mort, il fit en ma présence, à l'un de ses plus dévoués auxiliaires cette recommandation : « Vous direz aux habitants de Lestrem que je les ai aimés tous et que j'étais heureux de travailler pour eux. »

Il ne m'appartient pas d'entrer ici dans le détail de tout ce qui a été fait sous l'administration de M. Daquin ; d'autres le feront, sans doute. Mais, je ne saurais ne pas faire spécialement mention de l'hospice. Cet hospice dont la commune peut être fière à juste titre, bien qu'à vrai dire, il soit l'œuvre de tous, a été avant tout son œuvre, à lui ; et je répéterai ici ce que j'ai dit lors de l'inauguration de ce palais des pauvres : Sans M. Daquin, ce précieux établissement n'existerait pas. C'était son œuvre favorite ; il l'avait à cœur ; aussi, n'est-il pas étonnant qu'avant de mourir, nous en avons été le témoin ému, il ait songé à l'hospice pour en recommander les vieillards à cette femme forte, qui pendant trente-cinq ans a partagé ses joies et ses soucis ; et sur ce point, nous sommes sans inquiétude, car nous savons que cette mission de charité sera remplie.

M. Daquin était bon, tout le monde le sait, il était dévoué ; mais, je tiens à rappeler qu'avant tout il était chrétien et chrétien sincère, et c'est assez dire qu'il était juste, loyal, consciencieux. Je sais de la façon la plus certaine que, comme notaire, il a toujours refusé les affaires qui ne paraissaient pas être en parfaite harmonie avec les principes, les règles, et les délicatesses de la conscience. Voyant la mort approcher, il nous disait : « Qu'on est heureux, Monsieur le Curé, quand on est près de mourir, d'avoir été élevé dans la crainte de Dieu, et d'avoir conservé au cœur les vrais sentiments chrétiens. » Ces sentiments qu'il avait reçus de sa famille et au Petit-Séminaire d'Arras, où il fit avec les plus beaux succès toutes ses humanités, M. Daquin a eu à cœur de les transmettre à ses enfants, qu'il a eu soin de placer pour leur instruction dans les meilleurs collèges ou pensionnats chrétiens. C'était un bon père de famille et ses enfants ne dégénéreront point ; toujours, sans défaillances, ils resteront sages et chrétiens comme ils l'ont promis à leur père mourant.

Qu'il était édifiant, notre cher défunt, quand au milieu des douleurs les plus aiguës, il pressait sur ses lèvres le Crucifix qu'il n'abandonnait plus, ou quand il répétait ces paroles : « Mon Dieu que votre volonté se fasse et non la mienne... Mon Dieu, ayez pitié de moi, pardonnez-moi... Sainte-Vierge, Notre-Dame de Lourdes, priez pour moi. »

Mourir dans ces sentiments, mes chers frères, c'est un véritable bonheur, selon ces paroles divines : *Beati qui in Domino morientur*, heureux ceux qui meurent dans le Seigneur. Ainsi est mort M. Michel-Désiré-Aimé-Joseph Daquin ; on peut dire de lui qu'il s'est endormi dans la paix du Seigneur. Que ses ennemis, s'il en a eu, se réjouissent s'ils le veulent (pourquoi n'aurait-il pas eu d'ennemis, il était trop homme de bien pour ne pas en avoir) ; il n'est plus et il ne les gênera plus par le prestige de ses qualités éminentes. Pour vous, mes chers frères, vous aurez raison de le regretter, vous conserverez le souvenir de son nom et des services qu'il vous a ren-dus ; surtout, vous vous souviendrez de lui dans vos prières, afin que Dieu dont la justice est inexorable après cette vie, l'introduise au plus tôt dans sa gloire, si déjà il ne l'a fait.

DISCOURS DE M. BECQUART

Président de la Chambre des Notaires

Qu'il me soit permis, au pied de cette tombe, d'adresser un dernier adieu à l'un de nos meilleurs collègues, enlevé si rapidement à l'affection de sa famille et à celle de toute la corporation.

Désiré Daquin, après avoir fait de brillantes études de droit, embrassa, bien jeune encore, la carrière notariale, à la résidence de Lestrem. Son aptitude, son activité, la droiture qui le dirigea constamment dans les affaires qui lui étaient confiées lui assurèrent bien vite une belle et nombreuse clientèle.

Durant les vingt-neuf années consécutives de son exercice, il fut très-fréquemment appelé aux plus hautes distinctions de la Chambre ; il se retira entouré de la sympathie et de l'estime de ses collègues et avec le titre de notaire honoraire, qui lui fut conféré par le Président de la République le 20 février 1877.

Mais sa tâche n'était pas suffisamment remplie ; il voulut encore se rendre utile à ses Concitoyens, il accepta et exerça les fonctions de Maire de Lestrem, pendant l'espace de trente années, il s'acquitta de cette mission avec un zèle et un dévouement dignes des plus grands éloges, et je me plais à dire qu'il n'y a peut-être pas le plus petit coin de cette commune qui ne révèle les nombreuses améliorations qu'il a réalisées.

Puissent ces faibles paroles, apporter quelques consolations à cette famille si cruellement éprouvée ; pour toi, cher et regretté collègue, tu es allé recevoir la récompense réservée à tous les hommes de bien, et lorsqu'au moment suprême, tu as fait tes adieux à ta digne compagne et à tes enfants, si tendrement aimés, tu étais prêt à paraître devant Dieu avec la plus entière confiance.

Adieu, cher collègue, au nom de la grande famille notariale, adieu ! !...

DISCOURS DE M. BOURDON

Adjoint de Lestrem

Messieurs,

Sur le bord de cette tombe encore entr'ouverte, et qui, dans un instant va se refermer sur la dépouille mortelle de notre regretté M. Daquin, permettez-moi en lui disant un dernier adieu, de rappeler en quelques mots sa longue carrière administrative si bien remplie.

M. Daquin était Maire de Lestrem depuis bientôt trente ans, lorsque la mort est venue l'enlever à ses travaux, en même temps qu'à l'affection de sa famille, et en voyant cette foule émue, qui en cette triste circonstance a voulu l'accompagner jusqu'à sa dernière demeure, il est presque superflu de dire combien sont nombreux et appréciés par nous tous, les services que pendant sa carrière, hélas, trop courte encore, il a rendus à la commune de Lestrem.

Ceux qui, comme moi, ont pu connaître M. Daquin dans l'intimité, n'hésiteront pas à affirmer que l'intérêt de ses administrés a été le but constant de sa vie. Tous nous l'avons vu à l'œuvre, à l'époque de la construction des nouveaux chemins qui traversent Lestrem, et plus tard, lors de l'édification de l'hospice qui à l'heure présente renferme seize vieillards, presque tous octogénaires ; de quel zèle et de quel dévouement n'a-t-il pas fait preuve alors, et toutes les fois qu'un projet, une affaire, des travaux quelconques, pouvaient procurer de nouveaux avantages à cette commune.

Je suis persuadé d'être l'interprète des sentiments de mes collègues du Conseil municipal et de la population de Lestrem, en exprimant ici publiquement la sympathie que nous ressentions pour notre cher M. Daquin et en disant qu'il laisse à tous d'unanimes et sincères regrets.

Puissent ces faibles témoignages d'estime, apporter quelque consolation à la douleur de sa famille et rendre moins cruelle la séparation d'un époux avec une épouse, d'un père avec ses enfants.

Si ma voix, pour célébrer votre vie pleine de dévouement, n'a pu trouver de paroles plus éloquentes, du moins c'est le cœur brisé par la douleur et la tristesse, qu'avant de terminer, au nom de tous et pour la dernière fois, je vous dis adieu, Monsieur Daquin, adieu.

DISCOURS DE M. LEBLEU

Conseiller général

Au nom des Maires du canton de Laventie, j'adresse nos adieux au collègue distingué dont nous déplorons la mort inattendue ; à M. Daquin, Maire de Lestrem, qui nous est prématurément enlevé.

M. Daquin tenait parmi nous une grande place par son intelligence, par son expérience des affaires, par l'importance de la commune qu'il administrait depuis longtemps. Nous l'avons vu à l'œuvre ; nous avons apprécié les soins attentifs et persévérants qu'il apportait à la recherche et à la défense des intérêts de sa commune. J'ai eu personnellement l'occasion fréquente de trouver le témoignage de ses efforts, au canton, à l'arrondissement, au département. Et au moment même où j'apprenais son décès, j'allais lire son récent travail sur la question grave qui préoccupe actuellement cette population. Il a réalisé des améliorations nombreuses, comme vient de le dire l'un de ses collaborateurs. S'il a rencontré des dissentiments, je sais que tous ses administrés rendent justice à sa mémoire, et que, de même que ses collègues, ils reconnaissent tous l'action considérable qu'il a exercée pour sa commune et les importants services qu'il a rendus.

Nous avions pu constater l'honorabilité que M. Daquin avait acquise et le respect qu'il avait recueilli dans la corporation du Notariat. Une voix autorisée nous a montré la situation supérieure qu'il y avait occupée.

Au-dessus de l'Administrateur et du Notaire, j'aime à me rappeler l'honnête homme privé et l'excellent père de famille. Nous avons connu sa vie sérieuse, utile. Nous l'avons vu suivre sa voie droite et sûre, se livrer à un tranquille et patient labeur, rechercher et goûter le véritable bonheur dans l'accomplissement des devoirs austères et dans les joies pures de la famille. La haute considération et l'estime publique qui l'entourent, sont aujourd'hui le digne couronnement de cette carrière bien remplie. Son exemple est un enseignement précieux, car un tel esprit de conduite et de telles pratiques de la vie sont dans tous les temps le principal fondement sur lequel les sociétés reposent.

Parmi les traditions qu'il a gardées, M. Daquin a conservé particulièrement son attachement aux idées religieuses ; M. le Curé l'a dit dans un langage ému, ce sentiment a fait la force de M. Daquin, quand est venu pour lui le jour des épreuves et des souffrances qui n'épargnent personne ; c'est aussi le sentiment qui soutiendra, nous l'espérons, sa belle famille si durement frappée en ce moment, sa digne épouse accablée par une cruelle douleur à laquelle nous nous associons cordialement, ses enfants qui, ainsi que M. Désiré Daquin l'a fait lui-même naguère, sauront marcher dans le chemin que leur bien-aimé père leur a tracé, et bénéficier du fruit de ses travaux.

Ce fut certainement le suprême désir de M. Daquin ; c'est le vœu que nous exprimons aussi, en lui disant : Honoré et cher collègue, adieu !

www.ingramcontent.com/pod-product-compliance
Lightning Source LLC
Chambersburg PA
CBHW060456050426
42451CB00014B/3357